REFLEXIONES DE LO SIMPLE Y LO COMPLEJO | EL INDIVIDUO EN BÚSQUEDA DE ARMONÍA

NATALIA OROZCO A. | EDUARDO S. GONZÁLEZ R.

Primera edición, 2025

ISBN: 978-607-8826-69-8

Título: Dualidad
Subtítulo: Reflexiones de lo simple y lo complejo.
El individuo en búsqueda de armonía.

Autoría y Arte Digital
Ing. Eduardo Sebastián González Ramírez
Ing. Natalia Orozco Alvarado

Revisión de estilo
Dr. Juan Francisco Padilla Aguirre

Imágen de portada y Diseño Editorial
Lic. Ana Paula Alvarado Castro

Asesoría Editorial
Santi Ediciones

"Para Luis Armando, Ana Paula, Diego y Luis Roberto, los faros que guían mi navío"

Natalia Orozco Alvarado

"Para mi madre, mi familia, y toda persona que me ha traído a este momento"

Eduardo S. González R.

ÍNDICE

PRÓLOGO

Reflejos de dualidad: una invitación a la introspección
Por Juan Francisco Padilla Aguirre

La literatura ha sido desde tiempos inmemoriales un espejo del alma humana, un lente a través del cual observamos nuestras virtudes y defectos, nuestras esperanzas y temores. En este contexto emerge la presente obra, un compendio de textos poéticos y narrativos realizados por dos jóvenes universitarios, Natalia y Eduardo, dos estudiantes de ingeniería que, con gran destreza y sensibilidad, nos invitan a explorar las dualidades que habitan en nuestro ser y el mundo que nos rodea. A través de estas páginas nos confrontamos con el concepto de los espejos y dualidades: reflejos que, aparentemente distorsionan, pero que, en realidad, revelan, que multiplican la realidad y al mismo tiempo la retraen a su esencia más pura.

Este libro es un viaje introspectivo por el mundo de las dualidades, un recorrido a través de las luces y sombras, de lo tangible y lo etéreo. Al mismo tiempo, invita a cada lector a mirarse a sí mismo, a observar más allá del espejo cotidiano y descubrir las múltiples facetas que componen su identidad. Así, los autores logran tejer un puente entre el mundo visible y el invisible, un diálogo constante entre el yo y el otro.

La idea central que vertebra esta obra es la de las dualidades y los espejos, conceptos que han fascinado a la humanidad desde tiempos inmemoriales. La dualidad, con su capacidad para mostrar la coexistencia de opuestos y sugiere una realidad múltiple y cambiante. Los espejos, por otro lado, son símbolos de reflexión, no solo en el sentido literal, sino también como metáforas de la introspección y el autodescubrimiento. En estas páginas, los autores exploran estas ideas con una profundidad y honestidad que resuena con la autenticidad de quienes están en la búsqueda de su voz en un mundo lleno de contradicciones.

La estructura del libro alterna entre textos que reflejan la luz y la sombra, la certeza y la duda, el amor y la pérdida. Cada poema y cada relato actúan como eslabones de una cadena que, a la vez que introspectiva, es universal en su afán de conectar con el lector en un nivel emocional e intelectual. La interacción entre poesía y narración enriquece el texto, creando un ritmo que avanza y retrocede, que se despliega como una danza entre las palabras y el pensamiento.

A lo largo de estos textos, se evidencia el contraste inherente de la experiencia humana: amor y desamor, esperanza y desesperación, realidad y fantasía. Como es característico de sus voces, los autores presentan estos temas con una mirada fresca e inquisitiva, invitando al lector a desafiar sus percepciones preestablecidas y a abrazar la belleza de lo contradictorio.

Finalmente, cabe destacar la valentía con la que estos jóvenes escritores se enfrentan a sus propios reflejos, explorando la complejidad del ser humano en un estilo que fusiona tradición y modernidad. Despojados de pretensiones, se presentan con una autenticidad que conmueve, y con una voz que, aunque dividida en dos, habla con una unidad que sólo la verdadera colaboración puede lograr.

Como lectores, se nos brinda el privilegio de caminar junto a ellos, de mirar a través de su prisma literario y de encontrar en cada palabra un reflejo de nuestras propias dualidades. Este libro no sólo nos llama a reflexionar sobre las dualidades externas del mundo, sino también sobre el teatro interno donde cada uno de nosotros actúa, en el interminable escenario que es la vida.

En conclusión, esta colección es una obra que invita a la reflexión y al asombro. Cada texto es una oportunidad para adentrarnos en el misterio de lo dual, para explorar la naturaleza especular de nuestros pensamientos y emociones. Nos recuerda que en la belleza de lo contradictorio es donde reside el poder transformador de la literatura.

El proyecto literario que estos jóvenes autores han gestado no es simplemente una colección de escritos de pares; es, más bien, un diálogo continuo entre dos almas creativas que, aunando sus visiones y estilos, han logrado tejer una estructura poética y narrativa que desafía y enriquece nuestra comprensión del mundo. En este volumen, se presenta una trama compleja de temas y emociones que, como dos ríos que convergen, fluyen y se entrelazan para ofrecer una experiencia lectora única.

Para mí ha sido una fuente de gozo haber leído de primera mano sus textos creativos en su etapa de gestación; pude ver cómo las semillas literarias se convertían, a lo largo de estos casi tres años de escritura de Natalia y Eduardo, en árboles de vida, cuyas raíces son una fecunda imaginación y unos anhelos profundos de trascendencia interpersonal. Aprendí mucho de su mentalidad, de su capacidad lúdica y su cultura dialógica y abierta al prójimo. No siempre un profesor se encuentra con estudiantes de esta talla y, como formador universitario, aunque no les hubiera dado clase directamente, fue un privilegio orientarlos en su búsqueda de la expresión perfecta o idónea para cada idea, sentimiento y valor que llevan dentro de su rico mundo interior.

PARA EL LECTOR

"Te invitamos a complementar tú búsqueda de respuestas con nuestra Dualidad."

La vida está llena de preguntas, temas que caóticamente rondan nuestra existencia, es por medio de la introspección que todos los sucesos sin aparente relación empiezan a tener sentido. Si bien este libro no pretende ser un análisis, está compuesto por poemas y cuentos que invitan al lector a hacer introspección y encontrar respuestas a sus propias interrogantes, según la profundidad con que se quiera leer. Cada texto se complementa con una ilustración y por su espejo. Los espejos son la relación entre dos temas que se vuelven complementarios. El libro está construido para ser reflejo de la percepción humana, permitiendo que cada quien llegue a sus propias conclusiones.

Hemos abierto la posibilidad de lectura en tres distintos caminos:

El primero siendo de manera consecutiva, según el lector encuentre cada uno de los textos, es decir, uno tras de otro.

El segundo, qué es el que nosotros recomendamos, es leer cada uno de los textos con su espejo, para poder encontrar la Dualidad desde dos perspectivas distintas. Esto el lector lo podrá encontrar dentro del índice, así como dentro de la paginación de cada uno de los textos.

Nuestro último camino, es libertad total, un lugar donde el lector pueda decidir aleatoriamente qué texto leer, para así encontrar aquel mensaje qué ansía escuchar.

GUÍA DE CONTENIDO

I ORIGEN — ENCUENTRO VIII

II VIDA — COSMOS VII

GUÍA DE CONTENIDO

III ENTORNO — AMOR VI

IV MENTE — TIEMPO V

Luciferasa

Sin pedirlo hoy existo en ti.
En mí, los inicios de una charla.
Me llena de curiosidad y deseos.
Empecé a tener preguntas.

Emoción por explorar.
Tambores latentes en mi pecho.
Abrazados por tu tierno calor.
Nervios y miedo que provocas en mí.

Ahora, amo la emoción.
Tu bello calor.
Aprendo a decidir.
Depender de mi.

Perdido en el mundo.
Desconozco mi alrededor.
Partículas de luz.
Incertidumbre creciente.

Me susurraste que todo estaría bien.
Para mi sorpresa, conoceré mi vida.
Me pides encontrarme.
Decidiste que hoy existo en ti.

La piedad del espejo

Miro mi reflejo, pero no lo reconozco. Su mirada es dura, su porte rigido, su cuerpo imperfecto. Me juzga y yo lo resiento, veo sus manos inquietas apretar las muñecas.

Su mirada se fija en mí. Mis pensamientos se detienen. ¿Quién eres?

Compasiva, veo el mismo reflejo, es una persona igual a las demás. Me reconozco, como lo que soy y lo que fui. Esa proyección de mi ser es más que partículas de luz. Es mi pasado, son mis ideas. Es mi presente, son mis temores. Es mi voluntad, son mis pasiones. Es todo rebotando cual ostinato de percusión.

Se me escapa el aire enredando mi garganta. Quisiera comprender. Mi niñez me encuentra, me mira a través del espejo.
-¿Por qué lloras?

Me pregunta con inocencia. Con la voz temblorosa confieso.
-A veces me pierdo, me olvido de quien soy.

Mi niñez comienza a reír y la vergüenza me empieza a consumir.
-¡Pues soy yo! Siempre he sido yo.

Responde risueña. Coloca su mano contra el cristal, casi tocando la mía.
-No te has perdido, aquí estamos juntas.

La pureza en sus palabras me conmueve. Me sana.
Todo va a estar bien.

Strada di pietra

Italia. San Lorenzo. Camino tranquilo sin nada que buscar. Las paredes de ladrillo antiguo han escuchado tantas historias y visto tantas vidas. El color anaranjado de los tejados resalta entre las nubes grises que predicen lluvia. Los habitantes pasan ausentes alrededor mío. No entiendo por qué no disfrutan de la belleza interna de la ciudad. Pareciera que tuviera vida propia. Las personas fungen como un torrente sanguíneo que alimenta a los pequeños negocios que sirven como trampas para los turistas. Órganos que cumplen su función manteniendo todo unido. Distintos corazones interactuando entre sí. Yo soy un parásito, vengo buscando encontrar algo sin saber qué es aquello que me hace falta. Roces, luego golpes, es demasiado. Soy forastero en esta sinergia. Reanudo mi camino buscando un ente que contaminar.

Huérfanos de Tenochtitlan

¿Cómo explicarle a aquel niño descalzo que ha perdido su pasado?

Han sido reemplazadas las plumas de aquel bello penacho.
Todo fue arrasado. Al descalzo lo han abandonado.
La avaricia de un rey insatisfecho
que decidió quién debía ser borrado.

En el reflejo de sus ojos negros se muestra
triste la noche española, estruendo colosal.
Brasas del ocaso azteca.
Reside, postra,
en silencio llora el Quetzal.
Su sangre usada en su contra.

Así de fácil se borra la historia de la piedra.
Garabato que alguna vez dio vida.

Huérfanos de Tenochtitlan, no olviden el fuego que se forjará,
ahora difuso junto a una cultura perdida.
Levántense de su caída y no olviden su sepultura.

Farallón de Asturias

Historia de mi sangre; raíces de mi alma y tierra que me llama.

Deseo encontrarme.
Conciencia.
Historia.

Cruzar el mar para conocer este lugar.
¿Llanes qué recuerdos atesoras para mí?

Acantilado preciso.
Trayectoria.
Espacio tiempo.

Olas que se elevan sobre la roca. Majestuoso momento, encuentro mi latido y alma en equilibrio.

No antes.
No después.

Es hora de conocer mi historia. Raíces que se fusionan con mi vida.

Mis sueños.
Se fortalecen.
Me encaminan.

Legado de mi sangre que vino a mi encuentro, travesía para entender que es mi turno de vivir mi propia búsqueda. Comenzar a escribir.

Mi ser.
Historia.
Legado.

¿Qué pasará?

En un mundo dominado por la razón, no comprendo cuando me hablan de la relación energía-destino; para mi entendimiento simplemente es causa-efecto. Soy un ente con vida, efecto colateral de una secuencia de actos. Soy la construcción de mi pasado. Mi futuro será la consecuencia de mis acciones.

La presión por ser el dictador de mis decisiones me abre la puerta a dos posibilidades. Preocuparme o emocionarme por la pregunta: ¿qué pasará?

Me gusta creer que esta existencia terrenal tiene sus caprichos, vueltas y cambios que hacen la vida interesante. Momentos que desafían la lógica y avivan la duda del destino. De cualquier forma mi razón me encamina a vivir enamorado de lo bueno o lo malo que pueda pasar. La duda es el efecto de vivir.

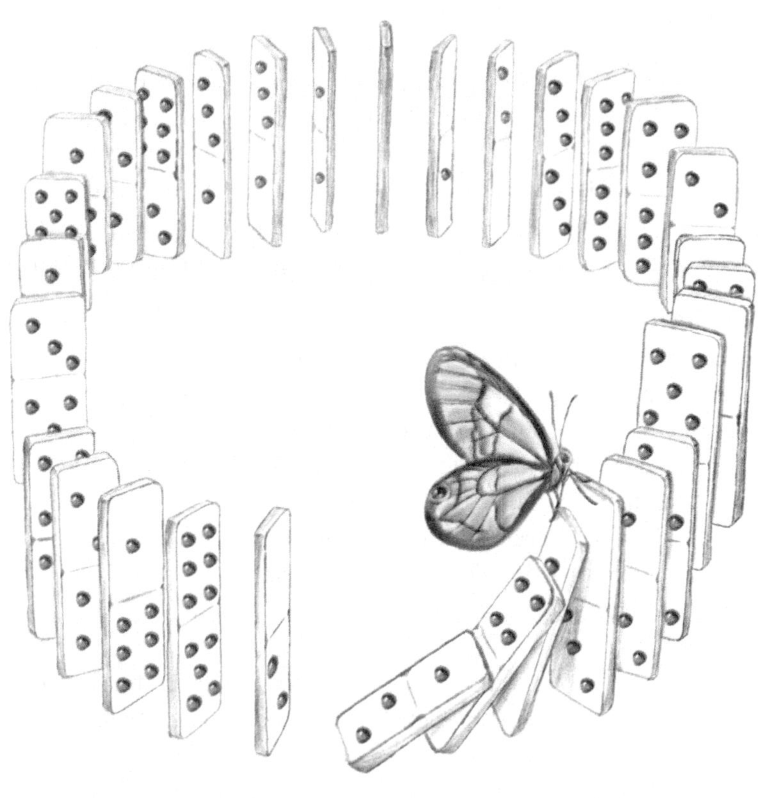

Fuga mental

El ritmo de nuestra canción nos envuelve. Notas musicales que siempre logran que cualquier lugar se sienta como un hogar. Compartimos una explanada. Tantas personas que albergan su propia historia. Solamente me interesa nuestra mirada unida.

Estamos juntos. Nunca hemos podido separarnos.
La idea me destroza. No pienso alejarte.

Hemos pasado una vida juntos. Vivencias estupidas.
Todo para forjar esto. Una experiencia digna de vivir.
Algo que decidimos compartir.

Solo me interesas tú dentro de este lugar. A pesar de ello, esto se ha vuelto un tumulto. Lleno de gritos y caos que no nos permite continuar. Te he perdido aquí. Las personas chocan en mi contra cuando busco tu silueta. Imágenes inundan mi mente mientras sigo recibiendo los impactos. Nuestros problemas, dificultades, palabras calladas por nuestra prudencia. ¿Será mejor dejarte aquí? ¿Fingir que un nosotros nunca existió? Permanezco en esta explanada hasta que mi decisión llegue.

Me siento corrompido. Mis ideales flaquean.
Ellos me definen. Pero las consecuencias pesan.

Me desconecto de todo. Cada decisión tendrá un efecto.
No son reales, pero lo serán. Lo efímero llegará ante mí.
Miles de rutas, en las cuales una me llevará
a mi verdadera felicidad.

Me derrumbo al escuchar. Si no nos vamos ahora, puede que nunca lo logremos.

Nuevo rumbo

Frágil y delicada, belleza en la creación. No tiene sentido. Unión microscópica que resulta en un ser ante nuestros ojos. Nos gusta creer que entendemos el proceso, sin embargo, es mera magia lo que empieza a actuar.

¿Quién podría odiar a una nueva alma creada por dos unidades de lujuria? Tan solo puedo esperar que tengas una vida como la que nosotros deseamos. Y en efecto, tendrás que vivir ante un desconocimiento total.

Un futuro incierto donde todo existe. Un reino de esperanza donde trazar tu propia historia.

Una vida endeble cuyo objetivo es dejar un legado. Una vida que te permita entender que no debiste temer a lo desconocido.

Origami

Los adultos dicen que no conozco nada del mundo, bueno, en parte es verdad. ¿Qué tanto puede conocer una niña sobre el mundo "real"? Bueno, la definición de real abarca muchas cosas, yo si conozco el mundo real, mi mundo real.

Todos los días voy al parque del río a jugar, es curioso, yo nunca he visto el famoso río, aun así es un lugar hermoso que se transforma en lo que yo deseé, un día es un bosque y al otro, un castillo. Es un lugar muy bonito, con un par de juegos de madera y una zona con otros un poco extraños en los que los adultos hacen ejercicio, pero nada se compara a los árboles y sus gruesas ramas.

Voy corriendo a toda velocidad y me tropiezo con los pies de una señora. Ordena, preocupada, los papeles que cayeron, de esos documentos llenos de números que ponen de malas a los adultos. Su mundo real no parece tan divertido. En lugar de regañarme, saca una hoja de color y deja encerrado el resto de papeles dentro del maletin. Mira a los árboles y comienza a doblar el papel. Como si fuera magia, ahora sus manos están llenas de árboles, animales y barcos. Todos de hermosos colores. La veo sonreír, está disfrutando del parque tanto como yo.

Decisión

Me encuentro dentro de un bucle. Inmerso en un complejo proceso de maduración y comprensión.

Provecho intermitente. La importancia de identificar estos momentos... Puntos de inflexión, los cuales cambian el rumbo de mi barco. Nuevos marineros suben y otros bajan constantemente... Soy espectador. Evito interactuar. Descubrir quiénes anhelo que permanezcan. Con quién compartir. Son parte de mis instantes, los cuales decido que persistan o sean arrojados a mi pasado.

Atormentado en cada recuerdo consciente.

Danzar

Osadía, encarar a la Muerte. Sensual dama, imponente porte, mirada de lujuria. No es más que una deidad distante. Respiro cerca de sus labios sin miedo a su beso. ¿Bailamos?

Creí tener el control, pero ella domina la pista. Es la forma en que se acerca y me roba el aliento. El magnetismo de su cintura, el frío de sus manos acariciando mi cuello... No tengo el control.

Inerte a su merced, encadenado a la conexión...

Temor.

Continuar nuestro baile hasta que ella decida concretarlo. No lo puedo alterar. Miedo al descontrol. Indefenso en su pista. Ella decide si cedo a su beso.

BOTELLA
MUERTE

Estelas de arena

Respiro profundo, me lleno de paz. Los ruidos a mi alrededor convergen en armonía, el enérgico viento viaja entre las palmas, las olas bailan al ritmo de mis latidos, la arena lisa acaricia suavemente mi piel y la humedad recorre mi rostro.

Abro los ojos y veo el infinito mar, es tan claro, tan bello. Su eco me llama y su ritmo me hipnotiza. Sin pensarlo dos veces camino hacia la orilla, mi paso es firme y no vacila. Una brisa de aire vuela en mi contra, agita mi ropa, revuelve mi pelo, pero eso no me detiene. Cierro los ojos y sigo andando, mis pies se hunden en la arena caliente. El viento me vuelve a golpear, levantando la arena que raspa mis piernas, no puedo ver cuánto falta para llegar, pero quiero seguir avanzando.

De pronto el agua toca mis pies. El viento cesa y mi pelo revuelto regresa a su lugar, abro los ojos y se me cristalizan las pupilas, no logro evitar esbozar una sonrisa liberando un sollozo ahogado. Miro a mi alrededor llena de asombro, qué belleza de lugar, mis latidos se llenan de una euforia que hace tiempo no sentía. ¿Qué tendrá este mar que tanto color a mi vida quiere devolver?

Ya no pienso más, solo deseo entrar a este mar de aguas claras y arena blanca. Arrastro los pies bajo el agua, comienzo a sentir su delicadeza al subir por mi cintura. ¿Qué bellezas habrá sumergidas en esta maravilla? Quiero seguir explorando. Comienzo a flotar, veo peces a mi alrededor, unos transparentes, otros de colores y todos nadan felices como si no les preocupara el mañana. ¿Por qué no vivir así, en plenitud, paz, armonía? Ser feliz, no es vivir sin preocupaciones, es decidir seguir adelante, encontrar la plenitud, pero disfrutar el momento. Vuelvo mi vista a tierra y mis huellas en la arena me llenan de orgullo, agradezco el camino que me ha dejado tantas interrogantes por descubrir, por vivir. Hoy decido abrazar mi camino y seguir avanzando.

Refresco de naranja

Silla áspera. Restaurante de antaño. Familiar. Pequeño. Ameno. Llega Don Juan. Es un lugar conocido para él. Saluda al vendedor, con el mismo comentario de cada mañana.

Se acomoda en su silla y relaja el cuerpo. Ordena lo común para él. Filete de pescado. Un platillo sencillo. Adecuado para su edad. Es acompañado con una ensalada. Común en restaurantes pequeños. Su simpleza me cautiva, está viviendo su rutina como si no se fuera a repetir.

Normalmente creería que tomaría una cerveza o agua, sin embargo, ordena un refresco de naranja que seguramente lo traslade a algún recuerdo.

Existimos con una premisa sobre la vida que es errónea.

Denota una comodidad absoluta. Puedo observar que Don Juan disfruta su comida. Está disfrutando su vida.

Muchas veces decidimos esperar para disfrutar. Y cuando tenemos que disfrutar, realmente nos preocupamos por otras cosas. Don Juan no hizo esto. Él disfrutó el momento, como si supiera que esta podría ser su última comida allí. No desperdició ningún instante.

Entendió la vida.

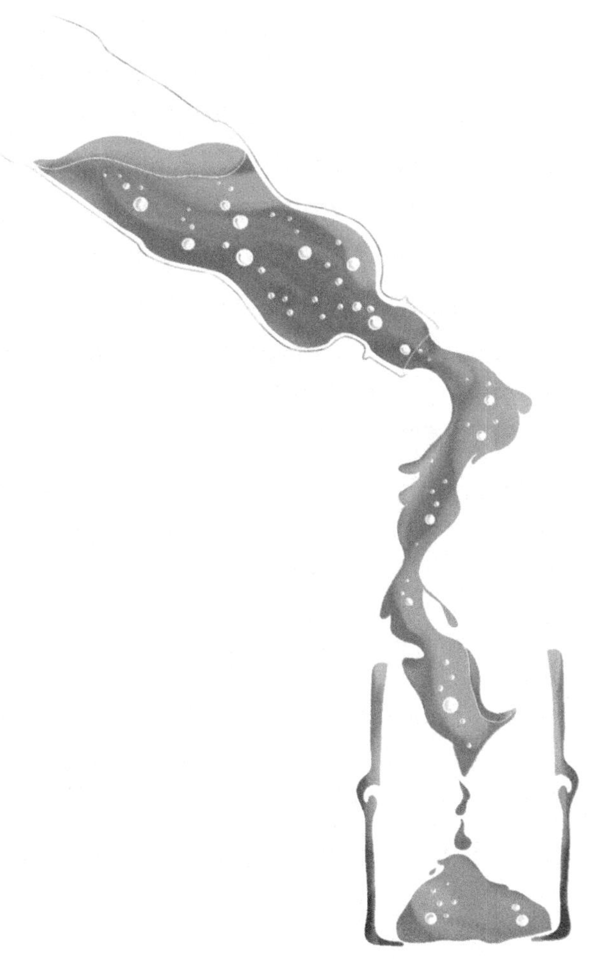

Reminiscencia

Y si un día ya no estoy, si un día llego a faltar... no llores por lo que no hicimos, que tus lágrimas no sean de arrepentimiento. Recuérdame por lo que vivimos, por los momentos que marcaron nuestra historia. Son más las risas que iluminaron mi vida que las gotas de lamento que de mi rostro escaparon.

Yo sé que duele pensar en lo que ahora será, pero para sobrellevarlo no olvides lo que fue. Que la luz del pasado te ilumine el presente. No te ahogues en rencores y resentimientos. Toma fuerza del disfrute y la valía del pasado. Nunca imaginamos que ese sería nuestro último momento. El último abrazo.

El último "te quiero"... y como te quiero.

El tiempo nos hizo una mala jugada, pero me quedo con todos los momentos en los que el reloj fue nuestro cómplice, instantes que a mi partida encienden destellos que inmortalizan.

Y si un día ya no estoy no olvides esos momentos. Recuérdame por quien realmente fui. Por el amor que compartimos. Por todo lo que sobrellevamos.

No olvides... no me olvides.

Si un día llego a faltar... recuerda y sigue adelante, que el camino se vuelve eterno. Yo siempre estaré cerca. Protegiéndote. Amándote. Tal vez partí sin avisar pero me llevo los momentos. Destellos de luz. De amor. De paz.

Huida de Selene

Ausencia que hiela mis huesos.
Empiezas a despegarte
de nuestra enredadera para volar.

Mismos muebles. Luz fría,
evita mi desaparición.
Necesidad de recuerdo.

Marcos cubren las paredes.
Miradas inundan las habitaciones.
Nos acompañamos en penumbra.

Asimilo el futuro. Foco roto,
obscuridad que me absorbe.
La habitación se vuelve infinita.

Cierro mis ojos.

Nada más que ausencia.
Madera que cruje, almas
alimentándose de mí.

Has huido con Selene.

¿Fue la tormenta?

Me encuentro de nuevo sola, dentro de un espacio ahora vacío. Contemplo. Hogar, ausencia. En mis ojos atormentados permanece el caos del huracán, la sombra que me acecha. Incertidumbre, terror. El llanto ahogado que me paraliza, se lleva mi sonrisa y hace que me olvide de todo. Me cuesta creer en el destino cuando algo arrasa con la vida que fue construida. El silencio ensordece mi pensar. La he perdido.

Me aferro a encontrar los objetos remanentes. Encuentro viejas memorias, no son más que sanguijuelas ahora. ¿Lo son? Aquellos recuerdos que murmuran mi historia, preceden al individuo. ¿Ellos me reflejan? ¿Sigo siendo lo que reflejan? Puede que no, sé que no. Es aterrador, dejar todo ello atrás y entender quién puedo ser.

Me detengo a ver los escombros, sin la certeza de querer encontrar mis restos latentes. ¿Soy culpable de sentir alivio? Dejar todo destruido, correr sin volver la mirada. No es la culpa lo que me consume, son las brasas de una tentación peligrosa, consumiendo los escombros, deseando escapar. Una decisión. Todo cambia.

Aquella idea funge como un faro. Empieza a desprender las manchas negras que en mi habitaban. Con el cuerpo marcado, empiezo a correr, a renacer. Sin misterio, sin falsedad, sin miedo.

Futuro. Abrazo el porvenir en un mundo que no está hecho para mí.

Fueron cinco saltos

Cinco saltos me costó
aprender a volar.

El primero, por dejar el nido,
hogar que me fue construido,
lejos un mundo desconocido.

El segundo, por un deseo,
avivado y creciente al encuentro.
Nuestras dudas.

El tercero, entre las ramas
un árbol conocido.
Testigo de mi fuerza,
de mis fallos.

El cuarto, la caída libre,
fe por encontrarme vivo.
Un latido.

El quinto, extender mis alas,
libertad para encontrar mi destino.

Paeoniaceae

Húmedos pétalos conforman su estructura.
No es común. Al contrario,
su presencia es efímera,
permanece en el firmamento, estática, bella.

¿Ella fue mía? Sí lo fue.
Realmente nunca lo fue.
Ella no era propiedad de nadie.
Luchaba por agua, por su tierra.
Ella quería sobrevivir.

¿Y qué hay de mí? Diría que sí le pertenecí.
A pesar de ello, no fui suyo.
Sólo era un ligero sueño para ella.
Efímero, eterno.

Éramos algo más complejo que tiempo y espacio.
Al día de hoy sigo sin comprender cada suceso.
La fina línea que nos unía.
Fuerzas distantes que nos permitieron
cohabitar un mismo jardín.

Ella, una hermosa peonía.
Yo, un loco soñador.

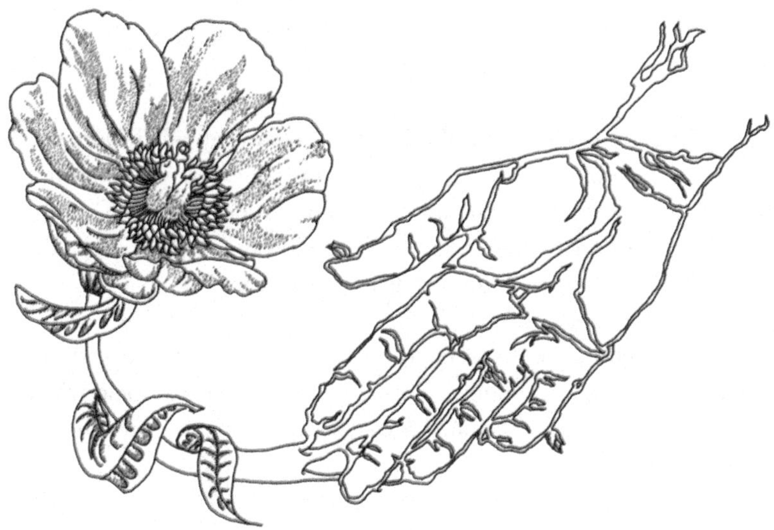

El laberinto de las ranas

Mi mentor me llevó al laberinto, pero se niega a entrar conmigo. Su ausencia me desconcierta. Hielo recorre mis venas, tal vez miedo. Ya ha pronunciado su último decreto. Encuentra la laguna.

Vago entre los pasillos llenos de hojas, sus altas paredes me intimidan. No soy nada y temo perderme. Ahora dependo de mí. Pensamientos que se tuercen a mi alrededor. Ranas que saltan en busca de agua, cohabitando con los recuerdos de aquellos que conocí. Aves que ocasionalmente acompañan mi paso, ajenas a mi, pero importantes en mi andar.

Pasan las horas y la confusión me abruma. No sé cómo regresar, le pertenezco al laberinto. ¿Existirá siquiera dicha laguna? Tal vez es solo una ilusión a la que me aferro. ¿Acaso alguien conoce el camino o será que solo deambulo sin sentido? Mi sentir de eternidad es acechado por una sola idea. Debo seguir, pero ¿puedo hacerlo? Mi existencia es efímera.

A lo lejos escuchó agua correr. ¿Estoy cerca? No encuentro el paso. Caóticamente las ranas saltan el muro, las aves siguen su vuelo. ¿Y yo? Derrotado en medio del callejón. La historia que cargo a veces me pesa, pero me enseñó a trepar enredaderas. Así que intento escalar.

Respira, una rama a la vez.

Llego a la cima y me encuentro con un río naciente. Corre entre las paredes del laberinto. Desde esta perspectiva no se ve tan imponente. La claridad del agua me permite ver mi silueta cansada. El río me guiará a la laguna. Ahora lo comprendo.

Debo aprender a no perderme en el caos de las ranas, dejar de querer que mi camino sea el mismo que observo en el vuelo de las aves.

Conocer mi reflejo.

Prima o poi

Un cosmos regido por la expansión
Incertidumbre que habita nuestra conciencia
Somos míseras partículas en coexistencia
O estamos dentro de una efímera misión

El control es inexistente
Órbitas trasladan cuerpos inertes
Rotan sobre nuestras mentes
Intentando evitar la caída regente

La creación de instantes es prolongada
Probabilidades nulas de sucesos
Historias transgredidas por deseos
Estrellas que opacan la mirada

Un ciclo de infinidad
Dos fuerzas buscando gobierno
El caos inoportuno
Buscando convertirse en deidad

Yo soy humano

Yo soy humano
Yo cargo errores
Yo soy humano

Yo soy humano
Yo vivo indefenso ante el cambio
Yo subsisto consciente en un entorno
Yo existo en cuerpo, mente y alma
Yo tengo un tiempo finito
Yo soy humano

Yo soy humano
Yo construyo mi ser
Yo vivo por trascender en mis actos
Yo niego mi temor y mi sentir
Yo tengo el coraje de salir a navegar
Yo me enfrento a la incertidumbre
Yo hoy decido vivir

Yo soy humano

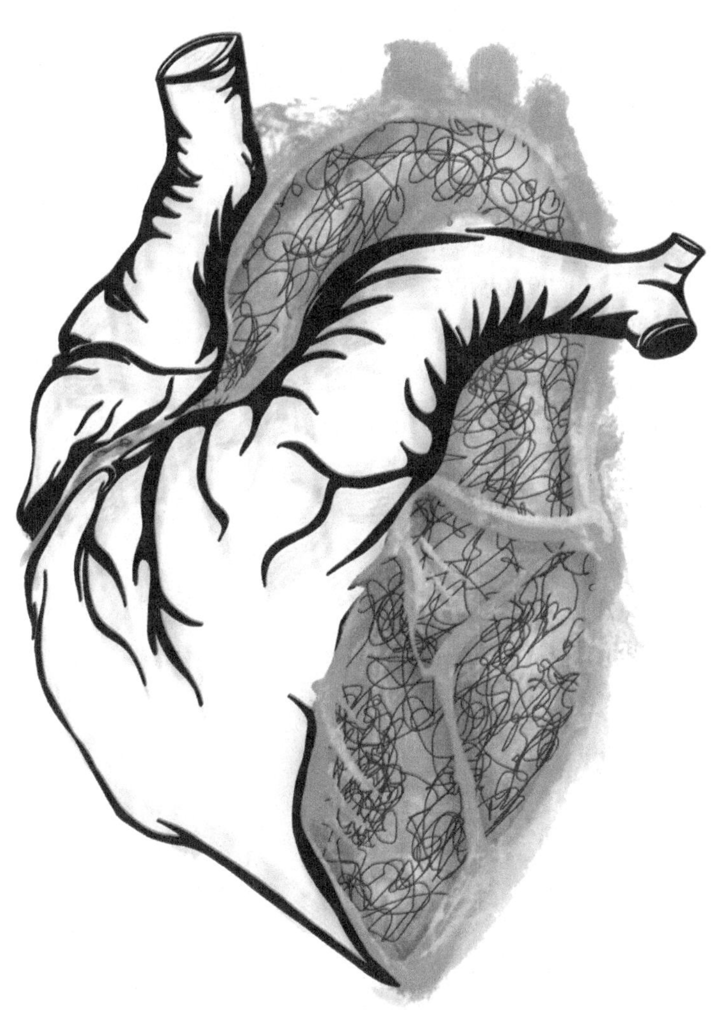

Mirar dentro

¿Qué es un sueño para ti?
¿Para mí? Un oráculo de nuestro futuro.
Un acercamiento a lo que venero.
Una unión de aquello que fui.

¿Qué ocurre después?
Solo es cuestión de esperar.
Nuestro encuentro anhelar.
Deseo ser juez.

Conocimiento obtenido por unidad.
Ausencia de acciones.
Sucesión de emociones.
Reducida a un acto de probabilidad.

Encadenado

Cautivo del reloj y de mi temor. Obligación.
Ceguera en mi mundo.

Obligación es la mentira que juró
alcanzar mi sueño. Me confronta.
No me permite disfrutar.
¿Tengo el valor de encararla?

Prisionero de un candado invisible.
Estúpida rutina que controla mi vida.
¿Y por qué?
Sobrevivir.

Estoy cansado de paralizarme al soñar. Obligación.
Mi excusa para no intentarlo.

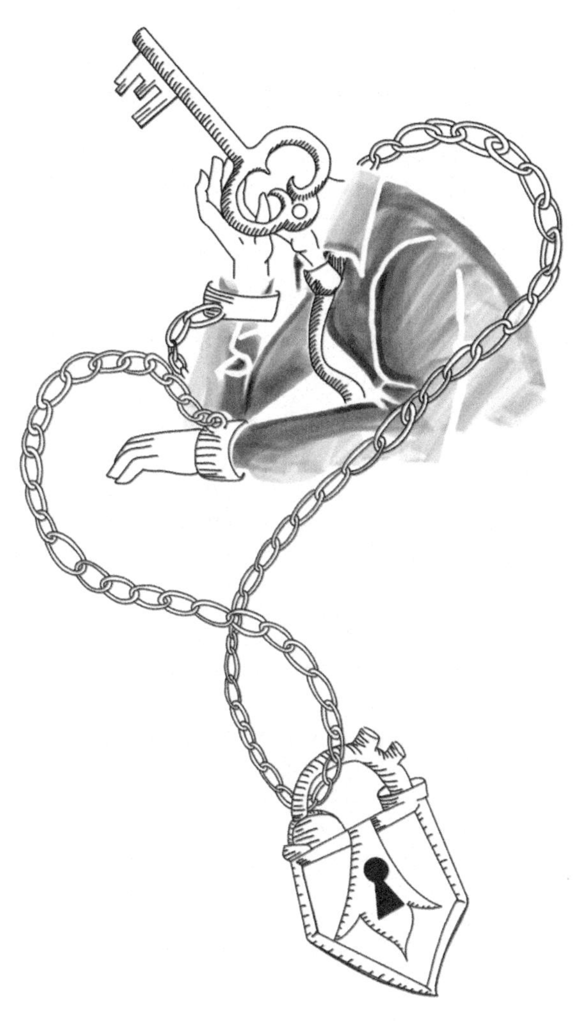

El Faro

Cada persona es un bote navegando
sobre el oleaje de la vida.

Vida, una aventura a la deriva,
búsqueda de mi ser y del destino.

Encontré un Faro.

Él es quien me guía y me ilumina.
Señal de tierra, descanso para el navegante.

Él es en quien encuentro mi hogar,
quien me respalda e impulsa a seguir navegando.

Sabiendo que siempre me acompañará
la luz de mi querido Faro.

Memoria fotográfica

Observo sus manos agrietadas temblar, mientras alcanza una pequeña cámara digital.

Ríe suavemente al tocarla. Recuerdos del primer rollo que llevó a revelar, fotografías tomadas en la emoción de la juventud. memorias de la adrenalina al usar la pesada cámara de su hermano.

Planta sus pies firmes, intenta no caer. Sus ojos cansados brillan al observar el mundo a través del visor. Nos mira a nosotros. Se cristalizan sus ojos. Recuerdos del día en que se enamoró, tal vez del día en que viajó o quizá de aquel lugar donde trabajó.

Se cierra el obturador y tras la blanca ceguera me sonríe con ternura. Dice que me quiere y comienza a contar como antes usaba un flash que debía cambiar con cada foto. Para él es la primera vez que lo comparte, pero yo ya perdí la cuenta. No lo detengo porque cada vez que recuerda sus ojos brillan más que nunca.

Una fotografía más en su memoria.

Poco a poco frunce el ceño confundido, se aferra a su cámara, el momento se desvanece. La fotografía captura lo que el corazón anhela no olvidar, pero el resto es efímero. Cuando me mira nuevamente, emocionado me vuelve a platicar.

Siempre los mismos fragmentos.
Siempre con minucioso detalle.
Siempre recuerdos encapsulados en su memoria.
Siempre es la primera vez que me comparte su tesoro.

Millones de historias

El núcleo donde converge toda la energía. Conjunto de objetos que almacenan nuestros recuerdos. No hablo de las historias tatuadas en ellos, sino aquellas plasmadas por nosotros. Al estar en contacto se expresa nuestra imagen. Un interno flujo de pensamientos y emociones que influyen en aquello que está plasmado. Es ahí donde la guardiana no hace más que darnos el bosque donde ella es valquiria.

Filo de vida

Camino solitario. Pares de farolas alumbran las banquetas creando un túnel de obscuridad en el carril central. Personas sin rostro observan desde sus ventanas, soy el centro de atención y aún así, me siento vacío. El sendero empieza a quebrantarse. Donde había casas y luminarias, solo quedan árboles secos. Decido tirarme al suelo. Grito. No puedo con esto. No identifico si el entorno está creciendo o yo me encojo ante todo. El silencio sepulcral se desvanece.

Un conjunto de animales se cierne ante mi. Ratas, serpientes, insectos yacen en mi. De pronto, nada. Se empiezan a replegar. Forman un círculo a mi alrededor. Un camino se forma frente a mi. Parece guiarme a una salida.

Veo a lo profundo un ser alado, obscuro pero infinitamente bello. Antes de ceder ante él, escucho el cantar de un búho. Roza mi cabeza. En su vuelo parece dejar un haz mientras penetra el bosque. Doy media vuelta y camino hasta llegar a él.

Soñar despierto

¿Por qué soñar despierto?
Un juego de niños.
Una ilusión sin cimientos.

¿Para qué distraerse del mundo real?
Una pérdida de tiempo.
Miedo al desconcierto.

¿Miedo?
Yo no tengo miedo a imaginar.
Miedo debería dar no permitirse soñar.

¿Qué no ves tu preciado mundo real?
Mira a tu alrededor.
Todo tiene un origen, una idea, un soñador.

¿Por qué soñar despierto?
Porque lo que algún día empezó en la imaginación,
hoy es parte de mi creación.
La chispa de ilusión que arranca el motor,
creada con suficiente valor.
Es mi cimiento, nunca tener miedo a soñar despierto.
Sueño creciente que vive ferviente.

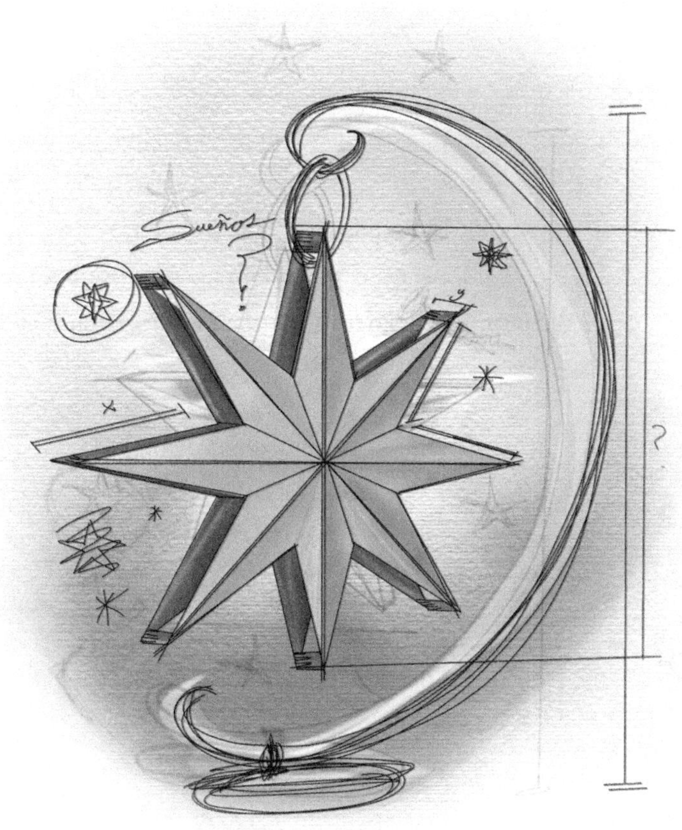
Sueños

Soy, existencia inevitable
Inconforme en la búsqueda de conocimiento
Plagada de respuestas divagantes
Intentó justificar mis actos y pensamientos

Decidir

Soy espectador y locutor de mi pensamiento. Un ser de razón
Anhelo comprender que me trajo aquí

Soy una diminuta partícula consciente en su entorno
Procuro escuchar mi abstracto subconsciente
Intento reflejarme en los astros en busca de sentido

soy

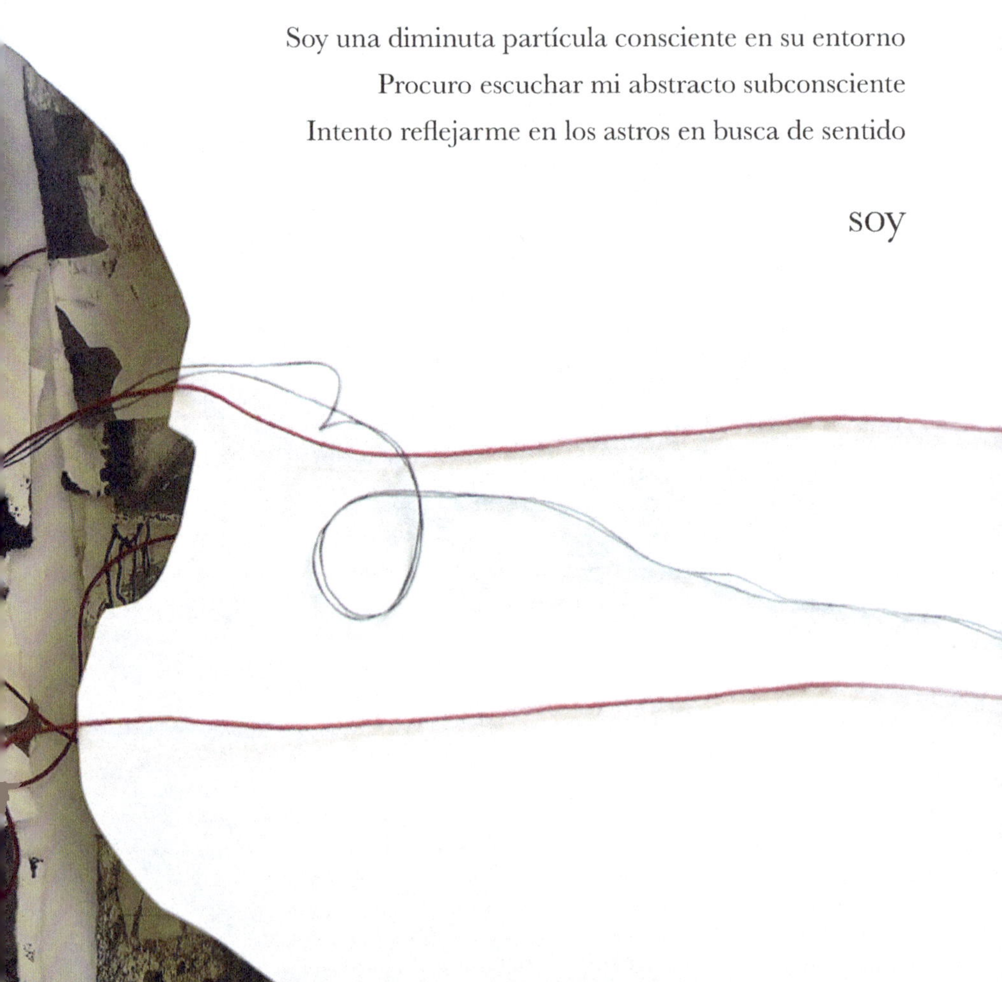

Dualidad, construcción de paralelismos
Complejidad etérea, presencia que forma esta realidad
Información constante que me enajena del ser
Me dedico a sobrellevar mi paso terrenal

Trascender

Soy victima y creador de mi pasado. Un curioso del porvenir
Necesito encontrarme ante la fuerza inevitable

Soy solo un gigante queriendo entender el amor
Que no comprende la prisa del reloj
Me reinvento en cada etapa antes de morir

dualidad

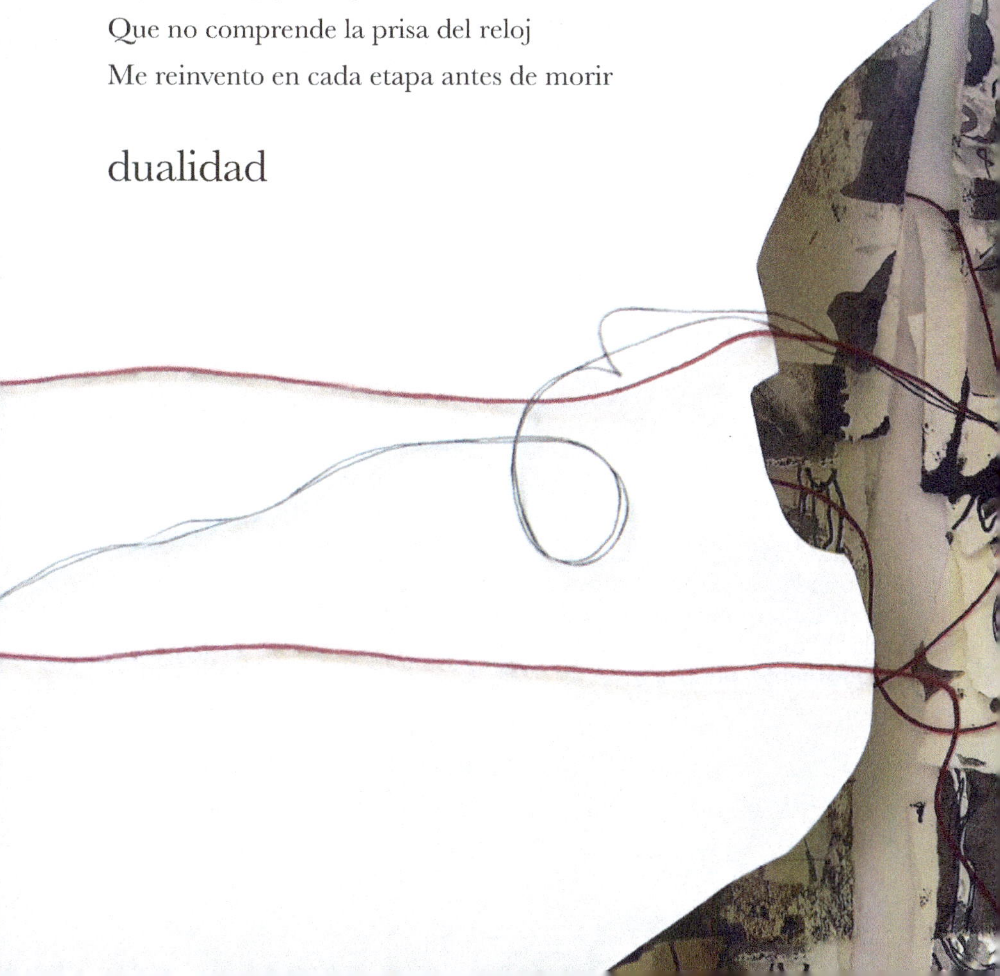

Bloqueo creativo

¿Por qué ya no puedo crear?

Punto.

...

¿Para qué sirve la hoja en blanco?

No sé.

...

¿Ideas?

Vacío.

...

¿Qué no ves tu preciado mundo real?

No.

...

¿Por qué escribir?
Solo puedo pensar en el punto final.
La frustración que paraliza mis manos.
Nada, la tortura de todo creador.
Sinceramente, no lo sé.

Muerte

Desconocemos la muerte. Demasiado bella, justa, imparcial. Estamos en deuda por nuestra vida. Una fuerza que se comunica con nosotros.

Nos acompaña.

Siendo franco, se encuentra dentro. Su cercanía inquieta. Saber que ocurre es nocivo. Desgasta y retumba dentro. Es parte de un conocimiento imposible de entender. No sigue ciencias. No sigue religiones. No sigue patrones. Es la dueña.

Muerte es tiempo.
Es esperanza. Es motivación.

Muerte es despertar.
Es seguir. Es avanzar.

Muerte es soñar.
Es movimiento. Es fuerza.

Muerte es recuerdo.
Es añoranza. Es momento.

Muerte es origen.
Es sensación. Es fluidez.

¡Silencio!

Respira... que ella aprecia la vida.

No te da más, no te da menos. La muerte ES.

Identidad

Todos juran haber vivido esta historia. Si no ellos, por lo menos conocen a alguien que lo ha hecho. Pero no existen pruebas de esto. Solo un relato dicho a viva voz que se fortalece cada vez que es contado. Pero ¿cuál es la razón de seguir creyéndolo? Es porque forma nuestra identidad. Consigue conciliar el sueño en los más pequeños y crear la esperanza en los enamorados. Todos contamos nuestra propia historia a través de ella. Es nuestra identidad.

Fusión cognitiva

Repaso mi rutina antes de salir de casa, mis llaves en el bolsillo, veinte pesos en la cartera y ajusto la correa de mi cámara instantánea. Nunca salgo sin ella, pues me escuda del tiempo que me sobrepasa sin piedad, captura mis recuerdos y evidencia mi memoria.

El ajetreo de personas a mi alrededor es impactante. Vida dinámica. Momentos que pasan desapercibidos. Detalles perfectos que no merecen mi olvido. Me paro firme, observo la vida a través del visor y sonrió con el sonido de cada nueva impresión. Contempló la fotografía en mis manos, cómplice del reloj se muestra poco a poco como testigo de mis ojos.

Entre risas, miradas y euforia me he acabado la película de la cámara. Al no sentir el repuesto en mi bolsillo, se me enreda un latido. Me sofoca ver que el mundo a mi alrededor no se detiene, incluso pareciera acelerarse. No quiero que el futuro me alcance y me obligue a olvidar esta noche. Anhelo compartir mis recuerdos, demostrar que he vivido. Necesito mi cámara.

Preocupación fusionada a un tiempo inexistente.

La sensación se desvanece cuando empiezo a soltar la cámara, dejando que cuelgue en mi pecho. Mi falso decreto de necesitar las fotos para vivir pierde fuerza cuando dejo de esconderme detrás del visor. La fotografía congela mis anhelos, pero simplemente serán ecos de mi efímera existencia. Me aferro al presente y el futuro me deja de asechar.

Mi verdad recordada en las fotos impresas.
Mi verdad vivida en los huecos entre ellas.
Mi verdad sujeta a la percepción del espectador.
Mi verdad creada por un desgastado obturador.

Naufragio en nuestro olvido

Espero una respuesta. Anhelo surcar este mar al lado tuyo.
Permanezco atento al sonido.

Las sondas guiarán nuestras almas en un navío.
La esperanza de estar ligados ha sido tu tormento.

Puedes tratar de estar ante mí. Intentar perseguirme.

Adentrarte al pasado ocasiona que tu cuerpo visceral
se difumine. Al traspasar, desciendes
a las profundidades.

¿Estamos dispuestos a correr riesgos?
¿Dispuestos a adentrarnos en la tormenta?
¿Dispuestos a destruir nuestro futuro?
¿Dispuestos a encontrarnos?

Decidamos de manera correcta nuestro llanto.
Aquel que nos permita ascender y perder nuestra
naturaleza racional.

Tan sencillo como el tiempo

Cautivadora idea de un concepto tan pequeño. Tiempo.
Controla el mundo.

Tiempo es aquello que no apreciamos, hasta que
nos hace falta. No lo gastamos como queremos
y no lo aprovechamos por creer que no alcanza.

El tiempo es un invento del hombre.
Estupida creación de un concepto incontrolable.
¿Y para qué?
Trascender.

Cautivadora idea de un concepto tan enorme. Tiempo.
Domina el universo.

Tempo de amorem

Busco tu vida.
Reconocer tu olvido.
Vernos de nuevo.

Me has encontrado.
Cambios de vida y forma.
Un único amor.

Nuestro pasado.
Buscado en el presente.
Sueño futuro.

Yo soy amor

Yo soy amor
Yo cargo recuerdos
Yo soy amor

Yo soy amor
Yo plasmo mis memorias
Yo siembro espejismos nulos
Yo construyo castillos propios
Yo creo la destrucción
Yo soy amor

Yo soy amor
Yo cargo a mi gente
Yo vivo por aquellos que siento
Yo niego mis emociones
Yo tengo el valor de dar el salto
Yo soy capitán de mi navío
Yo estoy plasmado en esta pared

Yo soy amor

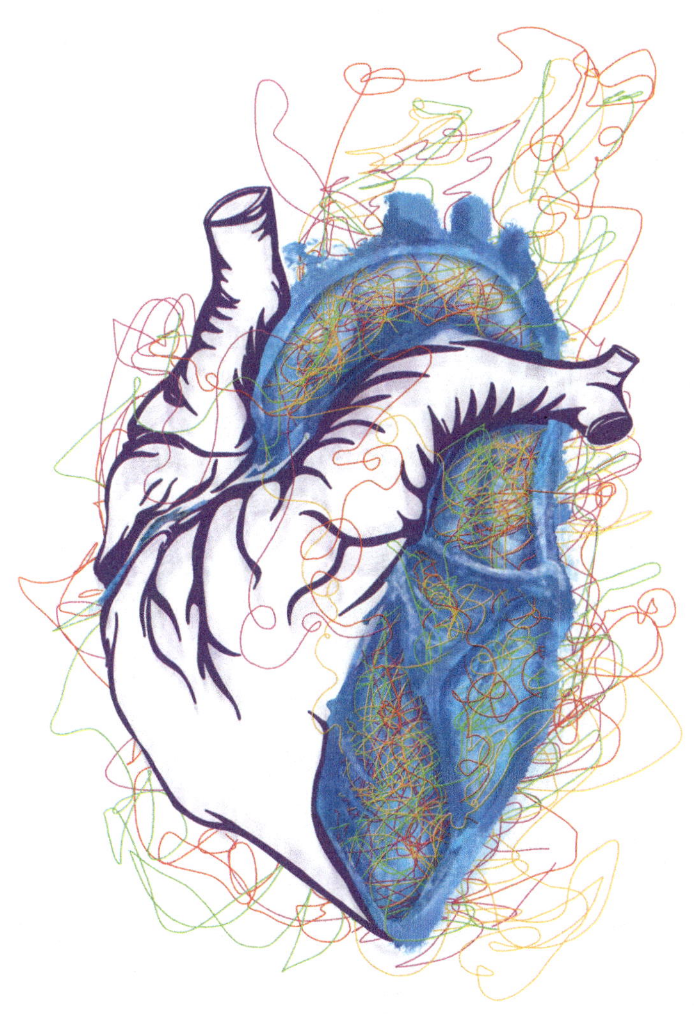

Piloto de papel

Piloto de Papel, ama su planeta de agua.
Agua, debilita sus notas e ignora sus historias.
Él sale de órbita. Estrella brillante en que aterriza.
Piloto de Papel, ama el calor de su estrella.

Estrella de lava, sin control carboniza sus hojas.
Piloto de Papel herido vuelve a orbitar.
Desciende sobre una luna ligera y ama su ventisca.
Luna de aire, arrebata sus historias y maltrata sus notas.

Prolongada búsqueda y frágil corazón de papiro.
Desconfiado Piloto que vuelve a despegar.
Temeroso de mostrar su ser, encuentra un asteroide.
Asteroide de papiro, lo ama y motiva a soñar.

Piloto de Papel, descubre lo que es amor.
Valora su cambio de órbita, encontró su hogar.
Escribe sus historias, el asteroide se engrandece.
Piloto de Papel, ama su hogar de papiro.

Cristal divisorio

La llave se desliza de manera suave en la vieja cerradura. Al escuchar el sonido del giro del picaporte, se empiezan a escuchar ruidos que ansían mi llegada. Sigo mis reglas para mantener el control.
Entrar y sellar la puerta antes de interactuar. Una silla y un cristal divisorio me esperan dentro.

Vuelvo a entrar como es costumbre, carne recién mutilada y un libro que cargo conmigo. Tomo asiento y empiezo a observar lo que se encuentra del otro lado del cristal. Una masa amorfa con vida que solo desea consumirlo todo.

Un simple cristal divide mi realidad. Ser consumido o ser amo.

Ya no sé cuánto tiempo he vivido bajo esta rutina. He traído alimento fresco, es lo único que logra tranquilizarla. Lanzo la extremidad por una abertura que se encuentra en la parte superior. Mientras devora, me siento en la silla y sigo con el libro que he traído.

¿Por qué continúo con esto? ¿Qué es aquello que espero obtener?

Solo observo como engulle lo que antes formaba parte de alguien. Aún no he logrado descubrir cómo lo realiza sin tener una boca. Nunca creí estar anonadado por un ser completo de piel. Obsesionado por su complejidad. Movimientos inverosímiles que me incitan al amor.

Al terminar de hacerlo, comenzamos de nuevo con nuestro juego. Continua deformación. No comprendo por qué recrea tu figura si nunca te conoció. Lentamente emerge cada extremidad, tu bello rostro envuelto en una disrupción biológica.

Cada vez más similar. Más presente. Imitación casi perfecta.
Quizás el siguiente alimento debo ser yo.

Guardianes de luz

Profundos ojos que en mi alma prevalecen.
Les permito entrar. Nunca vi nada igual,
su presencia perdura.
Acompañan mis días, alegran mi vida.

¿Conozco al dueño de esos ojos? Aprendo a verlo.
Realmente somos individuos completos.
Sinergia en nuestra luz.
Luchamos por crecer, por sanar.
Juntos aprendemos cómo amar.

¿Y qué hay de mi? Me entrego a ti.
El calor de un abrazo, la energía en nuestros besos.
Es un sueño que juntos construimos.
Real, puro, mutuo.

Nos transformamos en una unidad, en equipo, en hogar.
Fruto de nuestro trabajo y entrega,
inquebrantable lazo que nutrimos.
Empecé enamorada, para descubrir qué es amar de verdad.

Él, protector de mi luz.
Yo, guardiana de su alma.

A cinco copas

Cinco copas de vino fue todo lo
que me permitió conservar.

La primera, por nuestra ruptura,
un intento de olvido que crece.
Intermitencias del tiempo.

La segunda, por un sueño,
perseguido y asesinado.
Encuentro de nuestros instantes.

La tercera, vísperas de un regreso,
aquello que se ha desvanecido
dentro de mis memorias.

La cuarta, en una esperanza,
un reencuentro.
No sé si existirá.

La quinta, resignación,
fin del sufrimiento.

Tempo y añoro

Nos encontramos de nuevo. Sentados en el automóvil dentro de un recorrido cotidiano. Tu mirada simplemente se hunde en la mía causando una sensación de seguridad dentro de mi. Tu sonrisa me deslumbra y hace que olvide todo. Seguimos en el camino hacía nuestro destino. Sólo somos dos. La música está inundando nuestras almas para poder fluir dentro de ella.

Sigo conduciendo. Mi mayor recuerdo. Dos almas tendidas en el colchón. Vinilos tirados por el suelo. Viviendo dentro de nuestra propia normatividad. Sin reglas. Sin intereses. Sólo nuestros propios demonios interactuando entre sí. Buscando el porqué de las cosas. El desesperado tempo va elevando nuestro ritmo. Sólo existimos. Es más que suficiente.

Desearía no tener que hablarlo así. Quizás haya sido un error mío, quizás no. Simplemente obtener un nuevo intento, donde podamos recrear todo de nuevo, sin errores, sin misterio, sin falsedad.

Tú y yo. Dentro de un mundo que está diseñado para nosotros.

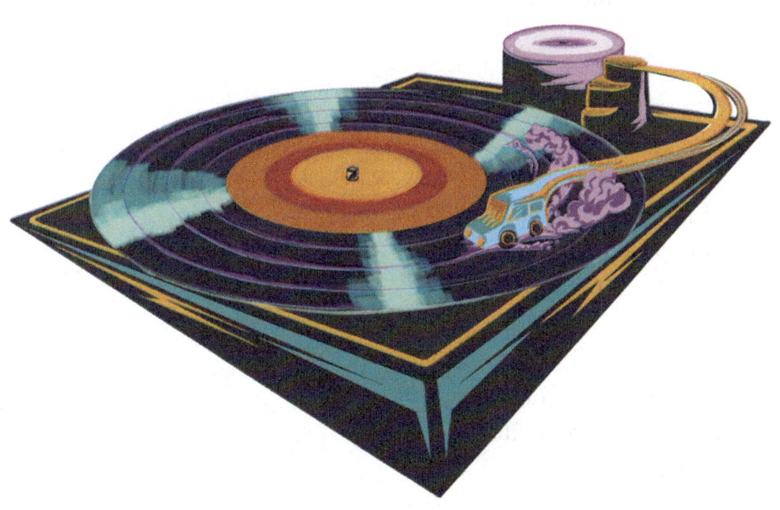

Regreso a Helios

Volviste a visitarme.
Ha pasado mucho tiempo desde la
última vez que decidiste aparecer.

Es un lugar nuevo. Una piscina
y luces neón son nuestros
acompañantes.

No necesitaríamos nada más.

Ventanal transversal que
recorrería nuestra habitación.
Partículas de nuestra energía que
visualizo desde el exterior.

Regreso al presente.
Sumerjo mi ser dentro del agua.
La profundidad se ha vuelto
infinita. Abro la mirada.

Te observo.
Lo que sigue es una bella danza
que nos reencuentra.
Por fin hemos vuelto.

Regresado a Helios.

Luna

Posee una permanencia eterna. Un acompañamiento rotatorio que crea encuentros inesperados. Por sí sola, no es nadie. Una simple roca de gran tamaño.

Junto a él, lo es todo. Iluminada, crece, mengua, rebosa. Al alcance de todos, su nulo egoísmo incita a ser confesionario de los seres que hierven en pecado.

Ella logra entender el tiempo. El pasado, verdugo que ha sido desapercibido. El presente de las parejas en pena que esperan la llegada. El futuro de sus devotos, que saben que lo único que queda es morir ante ella. Es presente para todos, presente ante todo, presente para la obscuridad. Ella visita, escucha, atiende las súplicas.

Siempre se encuentra entre nosotros. Rota en nuestras mentes y cielos. Siendo cómplice de felicidad y destrucción. Ante todo, presente.

No sabemos quién es. Realmente no nos interesa. Simplemente existe sin más. Cuando la necesitamos, esperamos encontrarla entre nubes. Si no es urgente, la olvidamos.

No existe... no importa.

Su ausencia es vana. Lograríamos continuar a pesar de ella. Es tán solo un valor intrínseco atribuido a algún otro objeto en completa ignorancia.

No dejes que su ausencia se convierta en cotidianidad, y no hablo de la Luna.

Nebulosa

Densa neblina. Espacio acogedor. Desconocido. Amplitud. Frío. Percepción existente. El denso gris que la rodea no es nuevo para ella. Identifica su alrededor. Todo es igual que los últimos años.

Observa la interacción de los distintos elementos que componen su entorno. Un poderoso balance que mantiene todo en su propio sitio. Ha sido igual toda su vida. Está esperando perecer antes que sus colindantes, pero ella sabe que no será así. Sabe que está destinado a cautivar con su complejidad irrepetible.

Belleza multidimensional que existe en contraste parcial.

Denota balance. Una mezcla entre disrupción y encanto. Disfruta su existencia.

Creo que logró comprenderla. Simplemente existo para admirarla. Ella nunca conocerá quién soy o qué he hecho, simplemente soy una partícula de polvo ante su inmensidad. Decido sentarme, entender que no existe nada más que complejidad y entendimiento que debo sobrellevar.

Entendí la vida.

Mancha blanca en la obscuridad

El oxígeno se vuelve cada vez más escaso. Una completa ausencia de sonido me rodea. Puedo notar la cianosis consumiendo lentamente mi cuerpo. Mi ritmo empieza a bajar, empiezo a sentir cansancio.

Abro los ojos y la luz me hipnotiza. El sol me ilumina como lo hizo alguna vez antes de iniciar este viaje. Una cabaña dentro del bosque. Aislada, integra, única. El olor a pino recorría cada rincón al amanecer. Me bastaba con observar la naturaleza realizar su vida en armonía. Un perfecto balance que me mantiene calmado. A pesar de ello, algo no se encuentra bien. Una silueta se deja ver a través del denso follaje. No pertenece aquí. Un traje blanco que me observa. Todo es un ciclo sin fin.

El olor del ambiente cambia. De pronto el agua toca mis pies. Estoy a medio metro de la línea de costa. El frío del agua contrasta con el calor húmedo que me ata aquí. Extraña combinación que siempre me trajo cobijo y tranquilidad. A pesar de ello, sigo congelándome. No entiendo cómo llegué aquí. Volteo atrás y solo veo la misma silueta. El astronauta me acorrala.

Lo que encuentro ahora es un espacio de reflexión. Nula obscuridad, pero puedo caminar en ella. Me permite analizar lo que acaba de suceder. Tuve felicidad, tranquilidad, paz. Entonces, ¿por qué fue que inicié este viaje? Una idea me lleva a otra, pero ninguna me da la respuesta. Si era feliz, ¿qué buscaba en realidad? ¿Un escape? ¿Una salida?

Impacto con algo y salgo del ciclo. El traje espacial. Nos posicionamos cara a cara. Es mi cadáver. Decido abrazarlo y ceder ante él.

Ío vs Ganímedes

Encontramos una órbita certera. Un mismo astro que nos permite rondarlo. Dos cometas que han decidido permanecer...

¿Nos encontraremos? Dudas que nos inundan a diario. Conceptos lógicos que nunca hemos logrado identificar. Un solo campo magnético. Otro, decidiendo no perderse y estrellarse.

No he entendido esta conexión...

Ío
conexión fuerte que me ata aquí.
Ganímedes
imposición que me deja inerte ante ti.

Decisiones que no me es posible alterar.
Elijo ceder ante la gran distancia que nos une.

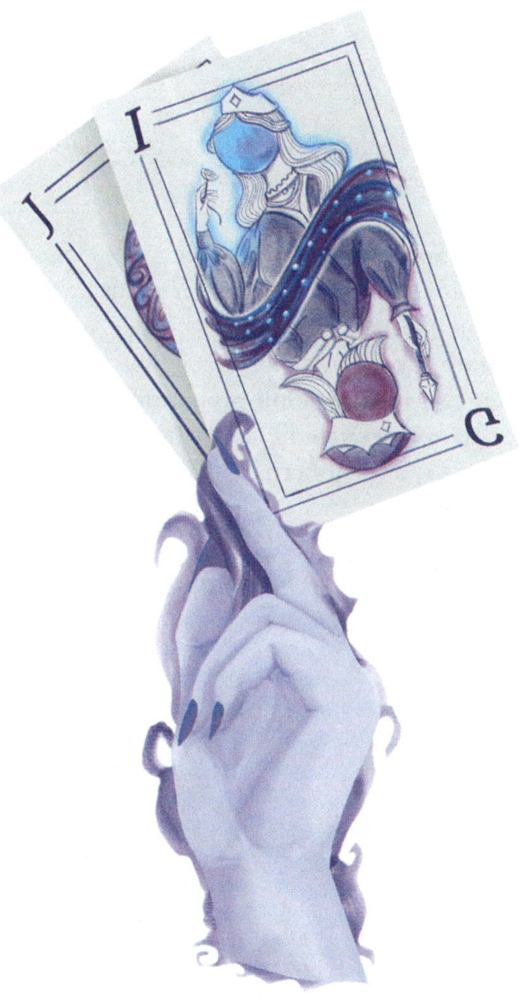

Gigante de helio

Soy un bucle sin control. Atado a mi ingrata gravedad que atrae cuerpos celestes para girar ante mi.

Ciclo incoherente. Yo mismo giro subyugado por un ente superior... Siete anillos me decoran, parecen bellos de tener, pero son ellos quienes me poseen. Satélites de los que no me puedo deshacer, recordatorio de mi tragedia... Soy un ente gigante sin poder de decisión. Espectador en mi propia órbita... Descubro mi anhelo de permanecer. Es inutil combatir esa fuerza. Forma parte de mi, solo me queda gobernar mis posibilidades, portar mis anillos con orgullo.

Conciencia para dominar mi tormento.

El navío

Las manecillas de mi reloj se mueven lentamente, el frío recorre mi cuerpo mientras la gravedad balancea el bote. Vacío y estelas llenan mis pulmones. Tantos viajes emprendidos, búsquedas infinitas en un espacio finito. ¿Qué busco realmente? ¿Mi ser, mi camino o mi sueño estelar? Una ligereza que libere mi alma.

Los cantos y festejos de la tripulación suenan distantes, ajenos. La nostalgia me invade acompañada de una profunda paz, un sueño de mi ser. Mi alrededor parece inmerso en la obscura nebulosa.

La difusa imagen de mi planeta se apodera de mi mente, el sonido de las velas elevarse, se fusiona con el eco del despliegue de las anclas. Recuerdo las islas flotantes alrededor de mi hogar, el rechinar de los puentes que para ver los barcos despegar cruzaba, la nueva libertad que imaginaba alcanzar.

Un destello me saca de mis pensamientos, Polaris frente mío brilla más que nunca. Esa niñez donde podía soñar ahora viene a mi reencuentro y funge de sextante en mis aventuras para no olvidarme de mis sueños. De mi ser.

Nada

Tratamos de encontrar la belleza en aquellas cosas que no entendemos. No porque las demás no las tengan, sino debido a que la ignorancia nos aterra. Nos gusta creer que esta incertidumbre significa un peligro menor a nuestra integridad.

Quién podría odiar un espacio lleno de estrellas y esperanza que sirve para imaginar que en algún punto de ella la vida es como nosotros deseamos. Y justo estamos hablando de un desconocimiento total.

Un vacío eterno donde nada existe. Un reino de oscuridad en el que flotaremos durante la eternidad.

Un tiempo efímero durante el cual sólo habitará el anhelo de no ser olvidado, de poder regresar a tu status quo que te permita admitir tu miedo a lo desconocido.

Encuentro espacial

Cuatro paredes me rodean. Lugar común debido a la comodidad en la que me encuentro. Amplios ventanales horizontales acompañan las densas paredes de ladrillo expuesto. ¿Un laboratorio? ¿Quizás un salón de clases? Incluso un consultorio.

Estás tú. Me sorprende tu presencia.
Sin saberlo te estaba esperando. De nuevo frente a mí.
Somos adultos. Una edad que ambos sabíamos que
llegaría. No cruzamos palabras. Nunca fue necesario para
nosotros. Siempre estuvimos en un mismo ser.

Estamos conectados, eso no es duda. Sin embargo, este lugar es más complejo de lo que podemos imaginar. Sombras de nuestro pasado llegan con nosotros. Vemos nuestros errores, nuestros aciertos, nuestros sueños. Nosotros éramos el sueño. Esos jóvenes estaban con alguien, un infante. ¿Acaso será nuestro reflejo unido? ¿Una muestra de nuestros sueños de permanecer unidos? Tal vez simplemente era el niño que probablemente nunca llegaremos a conocer.

Nada de lo anterior. Estoy en ti.
Estás en mí. Él representa nuestra unión.
Nos acercamos. Tomas nuestras manos y las unificas. Pero
esto no es real. Efimeridad mostrada ante mis ojos. Tus
manos se deshacen sobre las mías.

Me derrumbo al escuchar. ¿Te atreves a caminar conmigo?

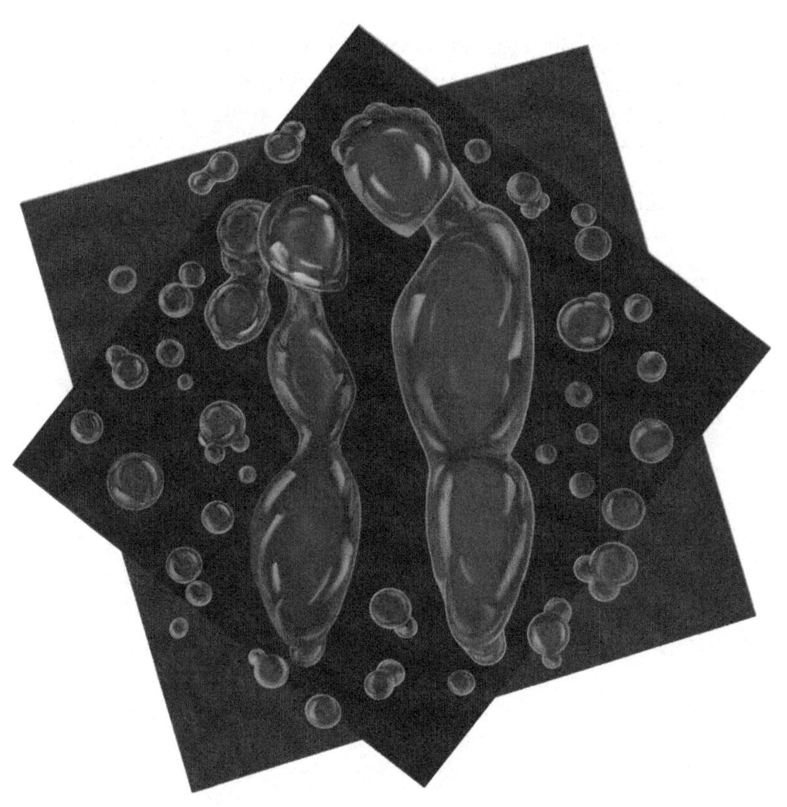

Limonada rosa

Nunca lograré entender cómo funciona la relación...
Individuo-vida. Puedes llamarlo energía-destino, karma o incluso magia. La vida sigue su camino, me guía a través del aprendizaje para encontrar mí lugar.

Lograr evolucionar como individuo y encontrar el propio nirvana dentro de ti. Sin embargo, no todo es lineal y factible.

Me gusta creer que la vida también tiene sus caprichos, que desea ver qué pasa y decide que debo vivir. Son las bellas coincidencias o momentos sin sentido, que me han traído a este instante. Que trajeron limonada rosa y un encuentro contigo.

Venus a Marte

Historia de dos almas que se encuentran; Venus, la diosa del amor y Marte, el gran dios rojo.

Deseo lanzado al infinito.
Coincidencia
Momento.

Un evento astronómico sin igual. ¿Qué hace que dos inmensos planetas se alineen?

Coincidencia precisa.
Trayectoria
Espacio tiempo.

El universo equilibrado. Momento justo y dos almas destinadas que finalmente se encuentran.

No antes
No después.

Solamente en la alineación de nuestras historias se fusionan nuestras vidas.

Dos universos
Se combinan
Se encuentran.

Historia de dos almas que vivieron toda una travesía para entender que lo más bello que encontraron es mutuo.

Dos planetas heridos
Sanan
Aman.

Ciclo contra la muerte

Cada 12 de noviembre sigo la misma rutina. Ya son 7 años. Cumpleaños de Ivana.

05:00 hrs. Cojo el libro que le he regalado el año pasado.
05:15 hrs. Subo al tren hacia la ciudad. Hojeo el libro por última vez tras verlo durante todo el año.
07:23 hrs. Llego a la ciudad. Camino hacía la librería local.

07:32 hrs. Saludo a la bibliotecaria, quien me reconoce fácilmente, como lo dije, ya son 7 años siguiendo la misma rutina. Ella ya me tiene preparado un nuevo libro. La conocí en el antiguo restaurante donde trabajaba un 11 de noviembre a las 21:19 hrs. Derramé su platillo sobre ella, sin embargo, no se enfadó. Se limitó a preguntarme quién era. A lo cual respondí con mi nombre envuelto entre mil disculpas. Prosiguió a retarme y repetirme su pregunta: ¿Quién eres? Decidí contarle mi historia. Tras la muerte de mi esposa, mi doble turno no lograba solventar los gastos del hogar, y mucho menos de mi hija, quien cumpliría años al día siguiente. Sonrió y me dió su tarjeta, la cual tenía la dirección de aquella librería donde trabajaba. Ella me dio el primer libro, el primer regalo para Ivana. Un libro robado con un buen fín. Por ello, transcurrido un año, se lo debía regresar como si de un trueque se tratara.

08:22 hrs. Abordo el tren de vuelta a casa ubicada en la periferia.
10:42 hrs. Tomo un par de hojas del periodico del día para envolver el regalo.
10:52 hrs. Entro a la casa y coloco el libro bajo la almohada de Ivana.
11:00 hrs. Veo a la pequeña Ivana observar la metamorfosis del libro bajo su almohada. Rompe la envoltura y me dice emocionada: "Mira lo que me ha dejado Mamá".

Caminamos

Un día me dijiste que hemos recorrido muchos caminos juntos. Desde que empecé a caminar me diste la mano. En la playa seguía tus enormes huellas hundidas en la arena. Comencé a imitar tus pasos en el adoquín camino a la escuela. Movimos juntos maletas de una casa a otra. El día que más ayuda necesité, caminaste a mi lado. Volviste a tomar mí mano. Así hemos seguido caminando, mi vida pasa y siempre te encuentro cerca. Eres quien me ayuda a tener valor, mi apoyo, mi admiración. Sé que quedan caminos por conocer. Me has enseñado cómo caminar. El destino fue quien nos encontró; ahora yo decido que esos caminos sean guía en mi vida.

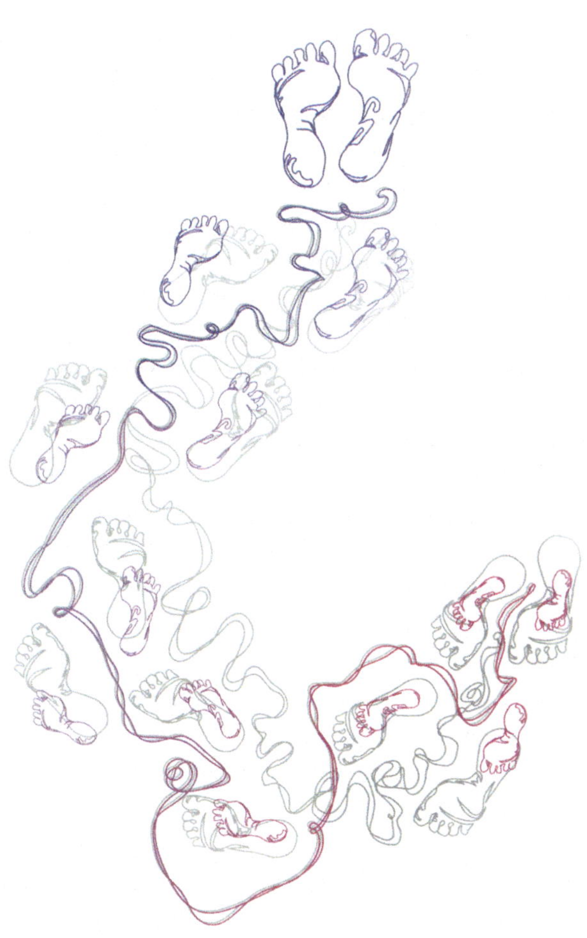

Resiliencia

Tanta adversidad en mi pasado, fugaces huellas en la arena que el tiempo y el agua han de borrar.

Una lágrima fugitiva me libera de mi enredo. Vuelvo a respirar. Ya no pienso más, solo deseo entrar en aquel bello cielo de hipnótico cantar.

Quiero conocer qué más hay suspendido en este viejo lugar, que tiene todo por explorar. Ya no camino y tampoco corro, solamente extiendo mis brazos y siento que floto.

Finalmente soy yo, mi presente, mi pasado, mi existencia.

Estoy viva, presente, sin algarabía.

Resiliencia al fin.

Bioluminiscencia

Sé que quiero morir en ti.
Una charla continua que en mí habita.
La cual me atormentaba tras el alba.
Me diste la respuesta que buscaba.

Encontré la paz al entrar.
Lentamente me acoges.
Una temperatura baja que te caracteriza.
Sentimiento cálido que provocas en mí.

Siempre odié el frío.
El tuyo es distinto.
Decidí apagar mi lógica.
Y empecé a flotar en ti.

Perdí el conocimiento.
Al observar mi alrededor.
Obscuridad total.
Desesperación creciente.

Me susurraste que todo estaría bien.
Creaste luz para mi tranquilidad.
Me permitiste encontrarme.
Decidiste que quiero morir en ti.

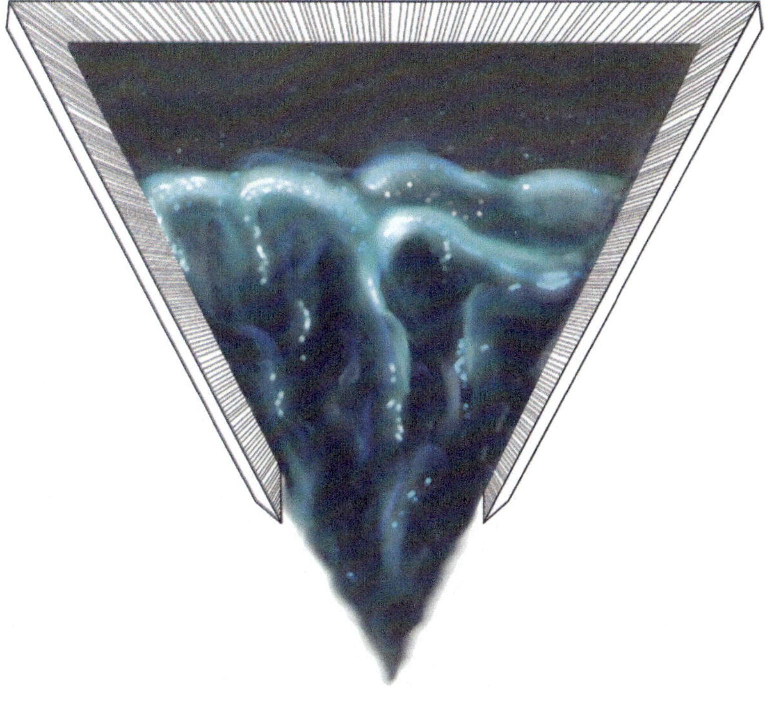

EPÍLOGO

"Al navegar entre las páginas de esta obra, esperamos que hayas podido encontrar tu propia Dualidad."

Escribir un libro es el sueño de muchos, y poder verlo en nuestras manos, no tiene precio. Honestamente nos parece extraño cómo llegamos hasta aquí. Algo que empezó como ideas individuales, se transformaron en conversaciones y terminaron plasmadas en papel. Normalmente tras un libro de esta índole esperarías encontrar un epílogo lleno de poesía, metáforas y otros trucos literarios, pero hemos decidido no hacerlo así. Simplemente hablar sobre lo que para nosotros es el corazón de la Dualidad.

Tras varios semestres de ser estudiantes, compañeros de trabajo y amigos, comenzamos a divagar sobre temas dispersos de la vida, dudas existenciales, sueños y frustraciones. El aparente caos de nuestras pláticas pronto comenzó a tener sentido, los temas se entrelazaban en equilibrio y nació la idea de empezar a escribir. Pareciera que todo lo que gira alrededor del humano es distante y sin relación alguna, pero hemos encontrado que la sintonía en la que vivimos y sentimos en aparente paralelismo es realmente parte de la misma unidad, perspectivas alternas.

Escogimos la palabra Dualidad porque habla de dos elementos de carácter distinto que se relacionan entre sí, dando como fin este libro. Decidimos englobar la vida en dos secciones. La primera mitad engloba temas que se pueden percibir de manera inmediata, encontrándose en eventos del día a día. Mientras que dentro de la segunda mitad abordamos temas más conceptuales, cuestionando el sentido de nuestra existencia. La correlación entre estos dos hemisferios permitieron que nos dieramos cuenta que existe más de una manera de entender nuestra propia realidad.

A pesar del descubrimiento de está gran red de temas entrelazados, nuestro mayor descubrimiento fue entender que nosotros mismos tenemos perspectivas completamente distintas sobre los temas y conclusiones plasmadas. Este es un libro pensado para que cada lector tenga la libertad de entablar su propia conversación, que encuentre interrogantes e interiorización. Que cada texto pueda convertirse en una nueva respuesta o el inicio de una nueva incertidumbre.

Eduardo | Natalia

Sintonía en que vivimos y sentimos.
Aparente paralelismo, cuestión de Dualidad.

AGRADECIMIENTOS

Escribir un libro siempre fue algo con lo que soñamos, hoy en día es realidad gracias al apoyo de las personas que creyeron en nuestro proyecto y nos guiaron en el proceso.

Queremos agradecer al Dr. Ignacio Acosta por auspiciar el libro desde sus inicios, cuando todavía era una idea. Al Dr. Francisco Padilla por el tiempo dedicado para ayudarnos a pulir nuestros escritos. A la Lic. Ana Paula Alvarado por hacer realidad nuestra visión del libro, a través de su diseño editorial. A la Lic. Carla Santa María y al Lic. Fernando Curiel por guiarnos en el proceso legal que conlleva crear un libro. Al Lic. Luis González por su asesoría en los pasos finales del proyecto. Apreciamos todo el trabajo y acompañamiento que nos dedicaron para poder crear lo que hoy es Dualidad.

Finalmente, a nuestra familia y amigos por confiar en nosotros y ser un pilar fundamental dentro de nuestra vida. Han sido un apoyo en nuestro propio proceso de crecimiento, análisis e interiorización. Los queremos.

Made in the USA
Coppell, TX
13 February 2026

71855343R00075